Le Parfum
De
L'Amour Éternel

Maman

Du même auteur aux éditions
Bod Books on Demand

Ressentir et entendre : *La voix qui nous guide* ...
Transformer votre vie : *Le bonheur vous va si bien* ...

Le Parfum
De
L'Amour Éternel

Maman

Éditions : BoD – Books on Demand,
12/14 rond-point des Champs-Élysées, 75008 Paris
Impression : BoD   Books on Demand, Norderstedt,
Allemagne

ISBN : 978-2-322-08367-1

Dépôt légal : juin 2019

♥♥♥

À toi, ma douce Maman

PREFACE

Dans la vie de chaque être tant d'amour est véhiculé pour soi-même mais aussi pour votre maman. Ce lien immense est ancré en vous par la voie de votre cœur depuis la connexion avec elle lors de votre naissance.

Durant toute une vie, vous êtes accompagné, guidé, soutenu et ce dans l'amour que vous porte vos parents.

C'est ici, dans cet ouvrage que vous découvrirez « - Le Parfum De L'Amour Éternel - *Maman »,* qui vous transportera dans chacune des étapes de la vie que parcourt une mère et son enfant, accompagné du père et de toutes les personnes liées à la « Maman ».

Un recueil empli d'amour, d'émotions et de partage qui met un grand point d'honneur envers la « Maman », une femme accomplissant ses multiples fonctions auprès de son enfant et des siens.

Au fil des pages, ce cheminement vous rappellera comme la vie est si belle auprès de votre « maman » mais aussi si délicate et fragile parfois.

Ainsi, un chemin, une vie auprès de votre mère à chaque instant dans l'évolution de votre éducation et de vos vies ensemble représente « Le Parfum De L'Amour Éternel - *Maman* ».

Un rappel à la vie avec tant d'amour ...

C'est au fil de cette lecture que vous pourriez peut-être éprouver une résonance personnelle en vous sur un parcours pouvant avoir des correspondances ou similitudes personnelles en lien à votre vécu. En cela, une aide, un soutien et une compréhension différente peut vous être apporté au travers des pages au cours des divers sujets abordés.

Une lecture que vous apprécierez avec tout l'amour véhiculé qui met en valeur la beauté de la maman dans tous ses états.

Je vous livre avec pudeur ce pouvoir magnifique qu'incarne toutes les mères, celui d'offrir, d'aimer, de partager et de transmettre tout ce qui est de bienfaisant pour son enfant et les siens.

Une approche universelle et complète sur le parcours de la vie d'une mère.

LE PARCOURS D' UNE VIE

Le chemin de l'amour

L'amour, oui l'amour pour une mère, celui qui te porte à chaque instant.

L'amour que tu portes envers ta propre mère tout au long de la vie représente le souvenir de chaque instant passé à ses côtés.

Tu comprends qu'à compter de l'instant où tu nais l'amour naît...

Ce chemin que tu apprends au fil du temps, celui d'aimer, pour ainsi l'offrir en premier lieu à toi-même puis en faire partager son essence, sa valeur auprès de tous les êtres partageant où non ta vie.

Comme il est intéressant de comprendre ce processus celui d'être dans l'amour, dans le cœur et que tu exprimes déjà dès ta première bouffée d'air...

Le premier pleur exclamé dès ta naissance émane celui de la spontanéité de l'amour sans conditions, sans aucun contrôle, uniquement l'amour.

Cet échange de regard dans les yeux de ta mère, cette complicité née à la seconde même pour AIMER et S'AIMER.

Voici ce beau voyage dans le temps sans qu'il y en ait réellement puisque tout se vit à chaque instant.

Le parfum de la vie, de l'amour ne s'apprend pas, il est là sans barrières :

Ta « Maman », ta douce mère imprégnée d'amour, de joie, de sourires, d'envie de t'aimer, est présente pour toi et t'accompagne vers les plus belles voies dans ton évolution personnelle.

Ainsi est réalisé cet acte pur d'une « Maman » pour l'amour de son enfant...

Ressens, comprends que tous les êtres savent donner et offrir pour apporter aussi un épanouissement total à leur mère :

un geste, des mots, du réconfort, la joie , une réussite, tant de choses encore par amour s'échangent.

Pourquoi ? Simplement pour être heureux, heureuse de vivre et partager dans l'amour, dans la spontanéité naturelle d'aimer sa « Maman » tout simplement! Il est considérablement important de pouvoir se construire sur ces bases liées au tout éternel de l'amour.

Tout est relié avec amour, les échanges, la paix, la sérénité, l'union, la joie, le combat des épreuves pour ainsi atteindre par amour la lumière où qu'elle soit.

Toi et tous les êtres sont lumineux, il suffit simplement de comprendre cette notion d'amour éternel, qui se situe partout dans son parfum Éternel.

Dans l'apprentissage de chaque être les étapes apprennent ainsi positivement ce que la vie représente.

Dans les échanges commençant si tôt auprès de tes propres parents, tu ressens déjà l'amour, cette première étape intensément partagé dès les premiers instants de ta vie. De plus, au travers des yeux de ta « Maman », se transmet la joie, l'amour, lors de cette première rencontre physique tant attendu.

Le lien de cette complicité est déjà présent...

Ainsi, dans le silence du regard, le langage est déjà défini en cette attache qui t'unit toi et ta mère sans mots et tout commence maintenant...

La vie oui, la vie, le parfum de l'amour Éternel celui qui te relie à ta mère, ta « Maman » pour te diriger vers le chemin qu'elle va t'enseigner.

Durant plusieurs années, accompagné de ton papa étant empli d'amour et de sérénité pour vous, il observe cet échange, celui du regard entre son enfant et la « Maman » qui le comble intérieurement à chaque instant.

Maman, papa, ces mots résonneront toujours envers tes parents, des êtres lumineux pourvus de ressources d'amour inconditionnel à offrir inlassablement pour toi leur enfant. Ainsi, le chemin est à parcourir ensemble dans cette quête d'équilibre et d'amour sans limites avec eux au fil du temps.

Grâce aux enseignements que tu peux recevoir de ta mère, tu trouveras ainsi toujours les ressources positives pour évoluer. Il te suffit simplement de penser à ce qui est bon pour elle est bon pour toi et inversement. Le chemin du parfum de l'amour Éternel est ainsi construit, être toujours dans le bien être mutuel en se servant de la guidance de ta mère, ta « Maman » tu sauras agir comme il se doit pour avancer.

Ta « Maman » un être si empli de dévouement pour toi son propre enfant se doit d'être respecté et aimé sans conditions uniquement celle de l'aimer et de la combler.

Dans l'évolution de ton être, tu apprends à voyager dans l'amour sous toutes ses formes...

Ta mère te permet de gravir avec le temps les étapes de la vie quelles qu'elles soient puisqu'elle représente ton modèle, ton repère. Ainsi la vie qui t'est offerte auprès de ta « Maman » représente la bénédiction de l'amour éternelle diffusé mutuellement.

Ta « Maman » t'accompagne avec tout son cœur à chaque instant même après ce chemin initiatique qu'elle aura su t'offrir à chaque instant.

La vérité étant d'appliquer au mieux ses enseignements, pour avancer en son honneur et son dévouement.

N'oublie pas que le parcours d'une vie ce faisant auprès de chaque parent est essentiel et il te faut reconnaître la valeur de l'amour qu'ils te portent ajouté aux valeurs qu'ils t'ont apprises.

De plus, tu seras toujours dans la gratitude car tu sauras ressentir qui tu es et te dire :

« Oui, oui, merci je suis aujourd'hui cet être accompli grâce à toi « Maman ». Grâce à ta patience, ton soutien, ta présence, tes conseils, ta distance lorsque cela était nécessaire ainsi que tout ton amour ! ». Tout ce chemin, sous l'œil attentif, attendri et complice de ton papa figure autant essentielle et importante pour l'évolution de son enfant.

Par conséquent, tu sauras à un moment précis de ta vie comme il est capital de voyager avec le cœur de ta mère à chaque instant.

Tu respires et achemines en l'honneur des bienfaits reçus de l'amour de ta « Maman ».

Toutes les choses qu'elle t'aura enseignées se feront rappel en toi-même au cours de ta vie d'adulte.

Profite ainsi de ce magnifique cadeau du schéma représentatif de ta « Maman », celui qui fait l'être qu'aujourd'hui tu incarnes..

En cette prise de conscience, ton chemin pourra se poursuivre avec des bases qui t'auront nourries au cours de ton enfance pour avancer positivement et avec force.

En cet élan d'amour partagé, il est certain qu'il te faut être ici et maintenant, dans l'instant présent pour toi-même mais aussi pour ta « Maman ».

Tout circule à chaque instant, si intensément dans l'énergie que tu offres pour elle aussi.

Sache bien qu'il y a une évidence que tu ressens pour ta « Maman », depuis le premier jour de la croisée de vos regards : l'amour dans tous ces aspects.

Ce dernier te guidera à ton tour pour toi aussi le porter. Le dévouement pour son enfant, pour toi, depuis tant d'années est présent et certain mais il en suivra un message d'amour de ta part. Il arrivera le moment où tu t'es construit grâce à cette magnifique guidance de ta « Maman » qui t'aura apporté les outils nécessaires afin de construire ta vie, ton parcours. Bien sûr, seul toi as ces clefs pour t'accomplir en fonction de ton être, de ton âme et de les utiliser comme tu le ressens. Cela prendra forme sans force mais dans le respect et l'amour de ce partage mutuel.

Ainsi, dès ton envol personnel, tu es prêt-e à avancer pour toi-même seul-e avec gratitude et avec tout ce que l'on t'a offert.

Maintenant, dès cet instant, oui ta « Maman » observera et ressentira le fruit de ses enseignements : le parfum de l'amour Éternel qu'elle représente pour l'accomplissement de son enfant.

Elle constatera qui tu es devenu avec joie et amour en présence de ton père qui lui aussi sera tout autant touché par ta construction. Ainsi pour tout enfant les deux parents représentent les piliers de l'amour, celui qui est éternel à leurs yeux …

En toute simplicité tu comprends déjà la chance d'être qui tu es grâce à ce chemin parcouru et ce don transmis qui t'a été offert.

Vivre, respirer, avancer, progresser en résonance à ta

« Maman » qui a toujours été présente pour toi, fera partie de ta mémoire éternellement.

Ainsi, durant ta propre évolution personnelle, tu sais que le temps passe pour toi autant que pour tes deux parents. Les moments appréciés auprès d'eux dans les échanges, le partage, les joies vous lient de souvenirs inébranlables.

L'amour commun est tellement fort, la reconnaissance est là de part son dévouement qu'elle t'a apporté.

En cela, spontanément tu offres par le lien de votre amour tout ce dont ta « Maman » ce doit de recevoir.

Tu constates avec le temps que tu avances sur ton propre chemin grâce à tout l'amour et aux outils que ta mère t'a donnés pour te construire. Certes évoluer, grandir, apprendre, travailler, aimer, représentent les éléments important qu'une mère souhaite pour son propre enfant. Ta « Maman » sera toujours fière de ton parcours et de celui qu'elle t' a offert.

Comprends que même si tu as pu avoir des aléas sur ton chemin, l'enseignement fut et sera toujours présent pour avancer avec et dans l'amour.

Ainsi, penses à ces clés présentes autant pour ton parcours individuel que pour accomplir le soutien avec tout ce qu'il se doit autour de toi et de tes proches et ce dans l'amour.

La jeunesse de ton enfance étant accompli, tu arrives à analyser plus intellectuellement dès l'âge de raison jusqu'à l'âge adulte responsable ce pourquoi ta « Maman » te guide et t'aura guidé ...

Maman

- 2 -

La compréhension

Dans l'élan de la vie tu progresses ainsi avec des éléments fondamentaux que ta mère et ton père t'ont inculqués pour être ensuite une personne accomplie. Tes propres réflexions mûrissent avec le temps par ces enseignements qui te seront essentiels.

L'analyse du chemin auprès de ta « Maman », celui qui te porte à chaque instant, te mène vers une réalité consciente sur la voie que chacun est amenée à vivre avec son propre parcours. Celui-ci étant guidé par ton être intérieur mais aussi avec l'aspect des leçons apprises grâce à la vie et grâce à ta mère présente à chaque instant à tes côtés.

Réfléchis quelques instants sur toi-même et ton parcours quel que soit l'âge que tu peux avoir, ce chiffre est peu important dans l'évolution de ton être, puisque tu es une âme éternelle qui poursuivra son chemin au-delà de la matière.

Vois tu, tu ressens tellement d'amour pour ta « Maman » et avec gratitude tu visualises tout, ce tout indescriptible, le bien qu'elle te porte ou a pu t'apporter …

Même au-delà de son absence physique si tel est le cas, tu sais qui elle est et ce qu'elle représente en tout temps pour toi.

Comprends que tu représentes le fruit d'un amour entre ton papa et ta maman, que ce lien entre eux a manifesté aujourd'hui ton existence.

Il en advient une reconnaissance unique à leur égard, leur transmettre par ton cœur la bénédiction de l'amour qu'ils se portent mutuellement quelles que soient les circonstances de la vie, l'Amour est Éternel.

Ainsi ils ressentiront les bienfaits de l'amour qu'ils ont accompli dans leur propre chemin d'union. De plus tu ressens de façon inconditionnelle que tu portes en toi tout cet amour ...

Le moment venu, celui qui te sera propre entre ta « Maman » et toi-même tu prendras davantage conscience de ce lien qui vous unit depuis votre naissance.

Son regard si beau au travers du tien en ce premier instant de vie vous lie pour l'éternel. Un lien unique oui, celui qu'un enfant reçoit par le don du cœur et qui est présent en mémoire pour toi et ta « Maman » lors ce cet instant magique de la vie.

La compréhension de l'amour diffusé pour comprendre que la vie est si emplie de choses à vivre sans se poser de questions juste prendre chaque moment comme ils viennent au cours de ta vie. Il est essentiel de comprendre l'importance de ton existence et ce pourquoi tu es ici arrivé sur terre. Rien est hasard, le fait de recevoir le don de l'amour est spontané et naturel pour tes parents. Être dans la compréhension de soi-même c'est aussi être dans la compréhension de ce que ta « Maman » a choisi de t'enseigner.

Il t'est aussi conseillé par tes deux parents d'apprendre aussi à vivre par ton moi et non pas au travers leur approbation. Toutes tes décisions et façons d'évoluer au cours de ton chemin de vie d'adulte représente aussi la valeur de la guidance antérieure que ta mère t'aura apportée. Il pourra être vrai que lors de décisions que tu choisiras de prendre, tes choix ne seront peut-être pas en accord avec ta « Maman » mais cela fera aussi ou a fait partie de ton évolution pour apprendre et comprendre que la vie est un enseignement de chaque instant.

Cet enseignement sera salutaire et bienveillant puisque ta mère t'ayant apporté les éléments essentiels pour te construire seul, tu seras en possession de trouver les réponses.

Ta mère, ta douce « Maman » ayant déjà accomplit son propre chemin sera pour toi un regard de guidance afin de prendre toutes les informations, les constatations.

Ainsi, tu analyseras avec retrait et sans jugement le parcours de ta mère dans l'amour et le respect. En cela, tu pourras aussi le prendre avec grand intérêt pour ta construction personnelle.

Ta « Maman », ton modèle ne sera jamais considéré comme une maman ayant vécu des événements non conformes pour toi puisque chacun vit la vie en fonction de ses propres ressentis et structures intérieures. La vie étant emplie d'amour, malgré les embûches ou faux pas l'enseignement est présent à chaque instant et les expériences de vie en ressortiront toujours positivement. En tout être la loi de l'amour est toujours la plus forte et la plus digne. De cette manière, le chemin parcouru de ta mère représente celui dans lequel elle souhaite et a souhaité s'engager en y mettant avec tout son cœur et sa force pour grandir avec sa propre résonance celle de : L'AMOUR.

Tu retrouveras toujours ce parfum d'Amour Éternel lié avec ta « Maman » il est inscrit en elle donc aussi en toi par le lien de cœur et de sang, quoi qu'il advienne !

- 3 -

La présence pour elle

Après quelques années, c'est à dire une fois posé en ta vie personnelle c'est à ton tour d'Être et d'offrir.

Te voilà à ses côtés, tu apprécies être en compagnie de ta mère depuis toujours pour peut-être même des choses simples et furtives mais cela vous apporte un sentiment de bonheur mutuel que de pouvoir échanger ensemble.

La façon d'apprivoiser ce contact lors d'un besoin de ta « Maman » sans même qu'elle ait besoin de t'en faire part reflète la connaissance de l'émotion intérieure que ta mère peut avoir en elle.

Un mot, une expression tu sais …

Participer à la vie simplement en sa compagnie durant un moment est toujours représentatif de l'amour qui vous lie.

Ainsi, lors de ta présence vous vivez des moments uniques lesquels resteront toujours en votre mémoire éternellement.

Lors de rassemblements familiaux tu sauras aussi parfaitement être là où tu dois te positionner pour profiter des instants toujours précieux auprès de ta « Maman ».

Ce besoin est essentiel de partager, donner, vivre pour son épanouissement et le tien au fil du temps et des années...

Ces valeurs de partage faisant partie de ce que tes parents t'ont transmis tu es naturellement dans cette dynamique de vie. Il en advient pour toi d'en faire usage sans questionnement juste être par le cœur dans l'amour pour ta mère, ton père et auprès de la communauté pouvant vous entourer.

Ainsi, tu pourras constater que, le plus important au cours du chemin parcouru avec du recul, c'est que le rapport entre le lien du cœur et la famille est tout aussi primordial et de savoir apprécier cela représente un bijou précieux.

Nul besoin de chercher plus loin, l'amour d'une famille se comble, se vit en la présence de toutes ces personnes ouvertes au don de l'amour, de l'harmonie, de la paix et non la dualité, la haine et la médisance !

Au sein de ton cercle familial il est important de préserver ce cocon, celui offrant le maximum pour que ta mère, ta douce « Maman » ainsi que ton papa bénéficient du meilleur, tout comme ils ont su te l'offrir depuis tant d'années.

Ta présence dans cette paix est essentielle pour un mode de vie agréable commun en toutes circonstances.

Rappelle-toi que le premier geste d'amour est celui de tes deux parents et ce accompagné avec ou sans fratrie à tes côtés. Tu es dès ces instants baigné dans un flux de paix, d'amour, d'harmonie comme déjà évoqué pour le lien existant aussi au sein de ta famille.
En cette manière de vivre, tu y es identifié avec toutes ces belles valeurs communément apprises durant ton enfance par ces deux êtres chers que sont tes parents ...

Pense à ta « maman » maintenant.

Que penses - tu d'elle ?
À quoi te fait - elle penser lors de sa présence ?

Comme un soleil, ta mère, ta « Maman » brille de tout son éclat lumineux en douceur et t'offrant toujours sa partie si aimante qu'elle transporte en elle.
La brillance intérieure de ta mère fait d'elle cette femme qui lorsqu'elle te regarde, te communique tout son amour.

Le parfum de l'amour éternel est ainsi relié au bonheur commun qui se trace auprès de tes deux parents ayant su te donner de leur temps, de leur patience avec toute la présence nécessaire pour toi.

Avec le temps, tu penses à tant de choses si importantes en ton esprit et ton cœur que durant les périodes où tu te trouves en leur présence tu honores cela avec tout ton cœur et ton estime envers eux.

En avançant vers le chemin où ta mère t'aura porté vers la meilleure des voies, tu as grandi et tu souhaites poursuivre cette quête avec gratitude pour elle tout en étant en accord à ta propre essence d'être.

En cette maturité grandissante, tu te révèles d'une nature plus ouverte et consciente de ce que représente la vie. Grâce à l'écoute attentive de ta « Maman » et votre attention mutuelle, tu arrives à appréhender au mieux la manière de gérer ton équilibre de vie.Ta « Maman » aura en tous ces instants un épanouissement intérieur profond que de te voir dans la réussite en sa présence. Cet état profond que tu offres à ta mère est unique et gravé en sa mémoire.

En sa propre réflexion, ta « Maman » gardera toujours dans son propre souvenir, qu'elle aura toujours fait ce qu'il fallait pour toi, son enfant avec amour.

De plus, toi en lien à ce don tu sauras aussi offrir de toi-
même comme il se doit pour ta mère car tu sais ce qui est bon et connais la façon dont ta « Maman » attend de ta présence. Ta mère, te connais mieux que quiconque c'est pourquoi tu ne peux contrer ses ressentis à ton égard mais aussi tu sais bien tout comme elle percevoir ses besoins sans avoir à lui demander.

À savoir, que lors de l'évolution de ton propre être, ta présence intérieure saura te guider en vue des besoins qui lui seront nécessaires.

Le temps t'ayant apporté tant de choses bénéfiques, au fil du temps tu arrives à percevoir ton être et qui tu es réellement. En cette prise de conscience grâce à la maturité de l'enseignement que ta « Maman » t'a transmis, tu comprends l'importance d'être dans l'ici et maintenant et ce pour le bien-être de chacun. En bénéficiant de cet accès à ta propre connaissance, tu arrives auprès de ta mère avec le sentiment que tout en vous est relié à l'amour.

Ainsi, tu ressens une telle évidence reliée en cela pour ta « Maman », que tu en feras ta priorité.

Pourquoi ? Une priorité en accord à tes ressentis venant du cœur de ton être, te dictant spontanément qu'il est essentiel à un instant T plus qu'à un autre d'être au côté de ta douce « Maman ». Il ne te faut plus attendre ou choisir à quel moment être en sa compagnie, il faut simplement vivre chaque désir lorsqu'il te fait appel intérieurement.

L'appel de la résonance du :
« Il serait bon de passer un moment agréable ensemble aujourd'hui, « Maman ».
« Je ressens son besoin d'être avec moi, j'y vais ! ».
Voici des formulations intérieures te guidant vers la nécessité de vivre tes ressentis comme il se présentent pour toi et ou pour ta mère et ce dans l'instant présent en toute présence en ton être et le sien.

En s'exprimant, en partageant dans la joie, l'amour, l'harmonie, le fait d'être ensemble cela représente pour ta mère un élément essentiel pour tout ce qu'elle t'a déjà offert.

De ressentir la présence de ceux qui l'aime autour d'elle est un magnifique geste d'amour. Qu'il soit d'ordre familial ou dans la relation mère - enfant le lien et le don de la présence à ses côtés avec ton papa représente la reconnaissance de tout l'investissement apporté durant sa propre vie pour toi et sa famille proche.

- 4 -
L'Amour

« Maman »,dans ton intégrité totale de femme tu représentes à mes yeux une femme qui a toujours eu le sourire, le don, la joie et l'amour. Tu as montré en chacune des choses les plus belles facettes de ton être pour mon équilibre ainsi que pour m'apporter une vie guidée par ces éléments essentiels constructifs pour moi.

Je sais au plus profond de mon être, que tu as toujours su apporter ton attention, ta gentillesse et ton amour et ce tout au long de ta vie de « Maman ».

Ma douce mère tu as représenté et tu représenteras toujours ainsi ma raison de vivre, mon cœur ne peut que me guider vers un chemin qui sera toujours construit avec les valeurs et repères dans lesquels j'ai vécu et appris.

Ainsi, je continuerai ma vie et la gérerai dans l'optique de toujours me satisfaire mais aussi y mettre la graine en pensée pour toi « Maman », de manière que toutes mes réalisations porteront un regard de reconnaissance pour toi. Certes, je pourrais peut-être me tromper dans certaines de mes actions personnelles ce qui à déjà pu être le cas par le passé, ce qui d'ailleurs m'a permis de grandir et de me construire, en cela rien ne fut négatif vers les pas que j'ai pu mener.

> *Au bout du compte, une leçon intérieure m'a été apporté en ces expériences toujours grandissantes que j'ai choisi de vivre et qui furent bien sûr salutaires et positives.*
>
> *Je sais et voyais qu'elle en souriait avec amour de me voir acheminer mes étapes, elle pouvait me donner son point de vue favorable ou bien différent comme toute maman. J'admire ce qui m'a toujours été offert par son amour ...*

Un amour inconditionnel réside et résidera toujours entre une maman et son enfant, je sais que tout au long d'une vie tout n'est pas rose et facile à vivre mais ce lien se trouve immensément partagé. Ainsi, quoi qu'il puisse se passer lors du parcours entre une « Maman » et son enfant il faut toujours se rappeler tout comme moi je le fais aujourd'hui ce que « Notre Mère » aura prodigué pour nous lors de notre évolution depuis la croisée de nos regards.

Elle qui vous a tant choyé tout comme moi, durant votre enfance, peut-être d'une manière différente mais ce qui est le plus essentiel est de conscientiser ce qui nous a portés, et aidés à être qui nous sommes aujourd'hui.

. ♥♥♥

De plus, nous sommes le résultat de son œuvre de « Maman » aimante et accomplie ayant réussi son devoir naturel que celui d'aimer, féliciter, encourager,et soutenir pour ce qui lui est de plus cher pour elle « nous ».

La représentation que nous faisons de la mère est le modèle d'une femme qui a vécu une vie construite avec des objectifs de vie pour ainsi être heureuse et complète en elle-même. En cela, nous ressentons de la joie pour la vie qu'elle aura menée ainsi que le reflet d'efforts fournis au cours de sa vie pour être la personne qu'elle a souhaitée être. De là, nous pourrons constater en ses choix, ses désirs d'accomplir son chemin dans lequel elle s'est projeté, ce qui lui aura permis de trouver son équilibre et une vie épanouie du mieux possible pour elle.

> *Ainsi, je sais moi aussi que ma « Maman » par toutes ses ambitions aura vécu sa vie comme elle l'aura souhaité avec la rencontre magique de l'être aimé, celle de mon papa qui lui a permis de prendre un tournant réel dans sa vie sentimentale.*

L'union de l'amour éternel.

Celui qui apporte une autre vision dans le parcours de chaque être, une vision différente qui pour mes deux parents fut unique, intensément emplie de beauté et d'amour à chaque instant!

C'est pourquoi en mon être, j'ai ressenti en elle un accord parfait qui en son cœur a toujours reflété l'amour qu'elle véhiculait depuis leur union et lors de mes premiers instants de partage aux côtés de mes chers parents où tout était et sera toujours relié à l'amour. En ce lien communiquant, je connais et connaîtrai toujours la puissance du Parfum de l'Amour Éternel.

Dans un rayonnement lumineux d'amour qu'offre mon papa à ma « Maman » à cette époque depuis le premier jour de leur union, j'en ai toujours ressenti cette même vibration qu'elle me transmettait inconditionnellement.

Ainsi, ma « Maman » une femme généreuse, me montrait comme la vie est belle et que je devais en prendre conscience malgré les barrières qui pourraient se mettre sur ma route.

Rien ne pouvait faire obstacle entre nous si j'intégrais que la pensée de l'amour est plus forte et aussi de vivre chaque instant sans me retourner, simplement apprécier et vivre.

Mon essence, mon âme me guidera toujours en ce sens dès l'instant où je suis mon instinct, mon intuition, celle de vivre vers ce en quoi j'aspire comme ma « Maman » me l'a transmis et elle même expérimenté lors de sa propre vie.

♥♥♥

Sachez que les conseils de votre mère reflète l'envie que vous réagissiez par la voie de votre cœur et de vous construire en ce sens. Personne ne pourra vous indiquer mieux que celui-ci pour votre destinée.

Ainsi, avec amour, honneur et respect mon cœur est empli d'émotions sur le parcours que ma mère a réalisé.

La vie est parfois difficile à comprendre sur un chemin que nous ne souhaitons pas forcément emprunter mais qui se présente sur notre voie. Des jugements, des heurts ou toutes autres formes de positionnements que toute personne peut être amenée aussi à vivre et qui peut entraver parfois notre équilibre.

> *Il est certain que la force de caractère que ma « Maman » incarnait l'a toujours aider à avancer.*

Toute mère comme tout être humain peut rencontrer dans sa vie des chamboulements et cela ne représente pas une fin en soi simplement l'apprentissage en chaque instant sur nous même et notre parcours de vie.

> *Mais je sais aujourd'hui, que le cœur de ma « Maman » a toujours eu la raison de son propre cheminement lui appartenant et son amour reste gravé en moi Éternellement.*

La vie étant de vivre dans le monde de l'inconnu nous ne pouvons connaître chaque événement dans lesquels nous serons amenés à vivre et dans quelles conditions ils se présenteront !

Tout étant relié, les personnes contribuant au bien-être de chaque être et plus particulièrement celui de notre « Maman » peuvent ressentir le bien qu'ils transmettent et émanent pour cette magnifique femme, mère qu'ils côtoient.

Ainsi, le point accordant ma plus grande valeur et importance est relié à l'amour, la joie, le remerciement de chaque chose partagée auprès de ma mère et mon père, bien sûr la famille faisant aussi présence en ces échanges.

Dans la générosité, la régularité des échanges ma « Maman » a su et pu ressentir le réel intérêt bienveillant envers elle que tous lui ont apporté et qui s'engageaient naturellement à partager et participer avec elle son quotidien de vie.

En ce joli monde extérieur, celui de la famille l'entourant d'amour on peut aussi percevoir où se trouve le Parfum de l'Amour Éternel de la mère, la femme, la sœur qu'ils aiment.

♥♥♥

Le reflet, l'essence pure du Parfum de l'Amour Éternel
se trouve en chaque mère, ce don unique qui respire
en elle communique tellement de choses …
Le chemin de l'amour se faisant, l'on comprend
naturellement qu'il est inscrit en elle un équilibre en
toute forme et toute chose.
Notre « Maman » pour tous, en elle-même se présente
sans faux semblant juste l'amour dans son essence
pure.

Le parcours aux côtés de ta « Maman » avec toute la
présence que chaque être peut vivre en soi est si
puissante soit-elle intérieurement, tu en ressens une
émotion intense.
C'est avec la présence, la complicité, les échanges, le
partage que tu en arrives à une compréhension
certaine sur ce que représente la construction et le
cheminement intérieur de ta mère et tout l'amour qui
vibre en elle. Ta mère sait recevoir autant que ce
qu'elle offre de sa propre personne autour d'elle et ce
avec générosité et don à tous niveaux.

Nous savons tous, que la femme, la mère, est emplie d'un amour au cœur de son être où il s'en émane naturellement une pureté rayonnante d'amour.

Cet élan d'amour se dégage d'une telle façon que de ne pas le ressentir serait se voiler l'image de ce que représente la femme avec toutes les qualités pures qu'elle incarne.

> *Ma « Maman » en est ainsi le joyau, la beauté d'une femme révélant qui elle a été et ce qu'elle souhaitait montrer et m'offrir à moi son enfant mais aussi à son mari et sa famille et ce dans la joie du chemin qui la guidait en cela.*

- 5 -

Vivre chaque instant ...

Ressentons en notre « Maman » cet éclat de joie de vivre à chaque instant, émerveillant le regard de tous ceux qui l'observent avec admiration.

Ainsi, notre mère propulse une énergie qui est si intense qu'elle nous transporte de bonheur.

En ce qu'elle diffuse de son être, elle offre tant de choses autour d'elle avec amour et spontanéité !

Il est certain, que de donner corps et âme pour tous ceux qu'elle aiment y compris nous-même son enfant, elle peut aussi s'oublier parfois elle même. Une femme si attentive, aimante, souriante qui souhaite apporter le meilleur afin que le souvenir de son image reflète la « Maman » ayant toujours été présente pour nos besoins d'enfant ainsi que pour toutes les personnes qu'elle porte dans son cœur.

De plus, les relations extérieures à sa propre vie font aussi office d'un témoignage extérieur de l'image positive de notre mère, la femme accomplie tout au long de son parcours de vie à tous niveaux, qui restera dans la mémoire de chaque être.

Comprenons bien que chaque mère est unique et qu'elle est et sera toujours la personne qui nous guidera sur notre chemin quoi qu'il advienne.
L'amour d'une mère est Éternel !

Ainsi, il est plus qu'essentiel d'apprécier chaque moment, chaque instant en sa présence, dans les échanges tout comme dans les périodes où elle même aura nécessité d'être en notre présence pour un besoin quel qu'il soit.

Je suis aussi cet enfant, son enfant et me dois de préserver le bien être de ma « Maman », je sais que le processus de la vie nous mène vers des étapes incontournables que nous ne pouvons choisir et contrôler ...

De ce fait, profiter, partager dire que j'aime ma mère, mon père et les remercier de tout ce qu'ils m'ont offert et appris dans les moments présents fut important.

Le cheminement va tellement vite que je dois prendre conscience de cela et vivre dans l'harmonie, l'amour, la paix et bien d'autres éléments encore pour un accès complet au bien être et bonheur pour ma « Maman » ainsi qu'auprès de mon papa.

Ainsi, deux êtres inconditionnellement importants à mes yeux qui ont toujours su vivre dans l'amour porteur de bonheur en tout instant.

Voici le don que j'ai offert envers ma « Maman » et mon papa m'ayant toujours guidé pour être une personne accomplie tout comme eux durant leur propre vie, et ce, avec tous les éléments essentiels d'ancrage vers l'accès à une vie équilibrée qu'ils ont toujours souhaitée pour moi.

Il est certain que pour moi, plus le temps passe et plus je prends conscience aujourd'hui de mes actions passés qui ont pu être d'ordres positives ou négatives durant ma jeunesse auprès de ma « Maman ». Celles-ci furent légitimes et m'ont permises d'avancer et de me construire pour être la personne accomplit que je suis aujourd'hui. C'est pourquoi avec tout ce recul sur mon parcourt je vis pour la vie, l'amour et cela en l'honneur et la reconnaissance de tout ce que mes parents m'ont apporté. Ainsi, c'est toujours avec le don de l'amour que tout devient lumineux, par la présence de vivre chaque instant en actions ou en pensées par la voie du cœur et de l'amour qui lie chaque être.

Nous pourrons ainsi constater par nous-même, notre accomplissement de chaque instant avec amour puisque le chemin enseigné que nous avons pu recevoir représente la connaissance, l'estime de soi, la confiance en soi, la force en soi grâce à tous ces instants, moments passés auprès de notre « Maman » et de notre papa. Il en advient un sentiment de Gratitude pour eux qui nous comble de bonheur partagé et gravé en nous.

- 6 -

Le soutien

La voie de l'amour est tellement belle à vivre au cours de ton parcours, tout est possible lors de l'évolution du chemin entre toi et ta « Maman ».
Il y a des facteurs que chaque être peut être amené à vivre qui peuvent aussi faire partie d'un schéma complexe à traverser …

Prends cette situation que je te transmets afin de pouvoir avancer malgré les événements que la vie peut mettre sur ton chemin.

Ta naissance, un moment magique qui reste toujours gravé dans la mémoire de ta mère et de toi-même, ce lien profond qui peut être encore plus intense!
La vie t'a été offerte par amour auprès de ta « Maman » et elle peut lors de son évolution être amenée à traverser des étapes où la santé peut être mise à l'épreuve ...
Toi son propre enfant, tout comme ton père ressentez ce besoin inné de vivre toujours plus intensément la vie à ses côtés.

De plus, les liens entourant ta « Maman » se trouveront tout aussi touchés émotionnellement, avec tout l'amour que traverse l'être intérieurement pour elle.
Ainsi, être présent pour elle comme tu l'as toujours fait et su le faire, tu ressens en ces instants les besoins primaires de ta mère.

En ce contexte, tu pourras ressentir :
« Le Parfum De L'Amour Éternel ».
Oui, encore plus profondément et comprendre comme il est important de vivre dans l'amour, la paix, l'harmonie, la joie, le partage sans oublier tout ce que ta « Maman » t'aura enseigné durant toute sa vie …

Comment aider ta mère dans ce chemin si empli d'émotions ?
Elle qui t'aime et t'offre tout depuis toujours !
En réponse à cela, je te confie simplement le mot qui résume le soutien en cette étape qu'elle pourrait traverser : **L'AMOUR,** oui le mot qui communique tout, accompagné de ta présence, celle de ton père auprès d'elle ainsi qu'avec tous les êtres qui l'aiment et l'entourent : frères, sœurs, amis ...

Il est important de comprendre en conscience que la lumière de ta « Maman » est Éternelle...

Pense à revenir en toi pour elle, c'est à dire toujours avoir en soi ce qu'elle t'a apporté et t'apportera quoi qu'il advienne dans le parcours que tu pourrais traverser avec elle.

> *Ainsi, j'ai su trouver la direction à prendre pour parvenir à la soutenir, l'accompagner, lui donner force et espoir à chaque instant et ce dans le moment présent qu'il est essentiel de vivre !*
>
> *Le parcours de la vie remonte en surface dans les yeux et l'émotionnel de ma « Maman », je sais, je vois tout au cœur de son être et ce dans le magnifique lien qui nous unit ce qu'elle vit intérieurement. Comme moi, mon chemin, le film de ma vie en sa présence défile et je communique sans même avoir la nécessité de parler...*
>
> *Tout est une question de ressentis par le lien de l'amour que je ressens en sa présence.*
>
> *Je comprends que ma « Maman » représente ce qu'il y a de plus important et ce qui est primordial à apporter pour elle est simplement moi-même. Dans l'amour, le partage de moment fort accompagné par l'élan de mon cœur je sais trouver ma place en ce combat mené de front avec les miens.*

La maladie étant un fait imprévu tu dois apprendre aussi à traverser cela, ta mère t'enseignera aussi ces choses de la vie en lesquels un enfant peut être confronter et amener à vivre.

Sache que dans tout ce que tu pourras avoir à traverser peut-être un jour en ce contexte-ci il y aura toujours un enseignement dans ce que ta mère t'offrira.

En celui-ci se manifestera toujours l'Amour de ta « Maman » et la force d'avancer, de continuer le chemin qui te sera guidé en chaque instant.

> *Ainsi, à ses côtés j'ai mené ce combat avec elle dans la dignité et ce en présence de tous ceux qui l'entourent.*

Cette étape pouvant se manifester pour tout être, il est considérablement juste et primordial de vivre chaque instant dans l'Amour, le soutien et la force auprès de ta « Maman ». De plus le partage des émotions pouvant être intense, ta mère saura te guider et te transmettre à sa manière comment recevoir les vibrations qui entrent en ton être pour ainsi parvenir à avancer ensemble en ce contexte si fort.

De plus, comprends qu'il y a cette leçon de la vie, étant d'apprendre à évoluer avec le cœur et l'amour quelque soit ce que tu as à traverser aux côtés de ta « Maman ».

Maman

- 7 -

Le Combat de l'instant

Prenons une grande attention à cette femme, notre mère si aimante, si proche de nous, qui ressent un profond sentiment d'Amour mais aussi de combat en elle si toutefois elle devait prendre une direction de bataille face à la vie.

Pour elle, le chemin de la vie doit être toujours dans la lumière afin de sauver le cœur blessé des siens et de leur communiquer tout l'Amour qu'elle porte pour eux et que tout est unifié par l'Amour Éternel.

Il nous faut savoir vivre et comprendre le mouvement de la vie avec toutes ces facettes.

Un chemin si profond à vivre avec parfois des choix complexes à comprendre et à admettre mais si empli d'amour pour elle …

Lorsque tu seras toi son enfant à ses côtés pour parcourir s'il se doit les tumultes auxquels elle pourrait être confrontés, le lien de votre cœur sera aussi empli de mouvances émotionnelles à accueillir avec force et dignité pour ta « Maman »..

Ainsi, par la voie de nos cœurs unifiés, nous arriverons toujours à avancer pour mieux vivre l'instant présent et d'accueillir ce que chaque jour nous offre dans l'amour pour elle à ses côtés.

Ta « Maman », cette épouse, cette amie ou cette sœur, vivant toujours dans l'Amour et le désir de vouloir apporter du réconfort dans ces turbulences, saura communiquer dans son propre langage personnel, son courage, son Amour et ses remerciements pour tout ce que chacun fait pour elle.

Comprends bien que chaque instant vécu en sa présence au travers ce combat que tu vis et qui t'amène à traverser des épisodes de doutes, mais aussi d'espoir, de croyances en la guérison te rendra plus fort par Amour. De plus, cela t'enseignera réellement la valeur de ce que représente la vie lors d'un tel parcours.

Ce que ta « Maman » aura vécu, elle te communiquera l'importance de tous les rapports partagés en sa présence qui furent uniques et gravés en vos mémoires !

♥♥♥

La vie, l'Amour, le lien de ce Parfum de l'Amour Éternel représente un tout unique ancré et qui en ce combat reflète ce qu'il y a de plus beau pour ta « Maman », l'épouse, la sœur ou amie.

Le chemin se faisant au fil du temps, tu pourras être amené à ressentir concrètement ce qu'il peut s'en suivre.

Cette maladie, cette bataille en chaque instant que ta mère vit, ce qu'elle supporte comme elle le peut t'inonde toi et les siens d'émotions par la compréhension de cet état d'être qu'elle traverse. Le fait est, qu'il te faut accepter que l'aboutissement peut aussi être celui d'accompagner ta « Maman », l'épouse, la sœur vers un lieu différent du vôtre.
Comprendre, accepter et acheminer en conscience que tu devras vivre cette étape dans la sérénité comme elle qui souhaite tout autant retrouver une paix sans souffrance et qui lui sera plus paisible pour elle. Ta « Maman », une femme t'ayant toujours guidé dans l'Amour et par Amour pour toi se doit d'être elle aussi guidée en ces derniers instants de vie dans l'amour et la dignité.

Comprends bien, que tout ce que tu pourras lui transmettre en ces instants forts sera et restera présent en toi et en elle avec toute l'émotion que vous aurez pu ressentir intérieurement toutes deux.
De plus, une tristesse peut t'envahir de voir ta « Maman » rejoindre la lumière mais un Amour pour

elle t'inondera encore plus que de savoir que ce chemin est le plus juste et digne.

Sache que d'accompagner ta mère, l'épouse, la sœur ou l'amie se réalise de façon personnelle en chacun.

Il est important de dire, que toutes les attentions, les paroles, les intentions à son égard représentent une signification certaine pour tous les êtres faisant et offrant leurs derniers gestes d'Amour auprès de ta « Maman » et que ceux-ci se manifesteront au moment qu'il leur sera propre.

Présentement toute personne quelle que soit la place qu'elle occupe trouvera toujours la manière et le juste moment pour honorer l'Amour qu'il porte pour ta mère et saura lui communiquer en cet instant un acte d'Amour comme il le ressent intérieurement.

Ainsi, en cet ultime passage face à la vie, toi son enfant ainsi que ton papa, tous les membres de ta famille et amis qui auront suivi et accompagné ta « Maman » en ce combat peuvent garder en leur mémoire l'Amour transmis et la présence.
Le Parfum De L'Amour Éternel de ta mère, de l'épouse, de la sœur ou amie est présent en chaque instant dans vos pensées et mémoires pour elle, pour vous Éternellement.

**La puissance de l'Amour se trouve en chaque Être.
En chacune de nos pensées émane des mots qui
portent l'intention de transmettre ce qui brille en
nous pour en apporter ainsi l'étincelle de l'Amour,
pour tous les Êtres présents à vos côtés ou dans la
lumière de leurs âmes …
Ainsi ressentez que ce qui vibre en vous est cet
Amour présent à chaque instant, il vous suit, il
vous guide et est ancré en vous pour avancer et
toujours aimer Éternellement.**

- 8 -

Continuer pour Elle

> *Ma mère si aimante guidera toujours mes pas, je dois continuer mon chemin même si je peux ressentir un dépouillement, un déchirement en moi. Je sais que son amour est toujours en moi, ainsi je ferai en sorte de ne pas fléchir pour elle.*
>
> *Ma douce « Maman », qui ne croisera plus mon regard est aujourd'hui délivrer de toutes ses souffrances pour un univers différent du mien et moi son enfant, je dois rester forte tout en portant il est certain, les émotions qui traversent mon être, mon âme.*

« Maman », épouse, sœur ou amie, nous ressentons ce vide, cette absence à un moment de notre vie il en est certain mais il est important de se dire qu'elle est toujours là présente en nous…

> *Dans le positionnement en tant que moi son enfant, un rappel en moi se fait par tous les enseignements que ma « Maman » m'a prodigués.*
>
> *En cette mémoire active, je sais que j'ai appris à être solide c'est pourquoi il me faut continuer le chemin de ma vie et comme tous ceux traversant ce même état et ce, pour elle, je dois être forte !*
>
> *C'est ainsi avec beaucoup d'émotions et de ressentis qu'aujourd'hui je dois vivre en mon être et honorer toujours l'amour de ma « Maman ».*

Il est vrai que de conduire une vie, la nôtre, qui sera différente avec cette absence, reflète un travail intérieur en soi à réaliser.

Poursuivons notre vie comme il se doit et lorsque nous ressentirons un besoin de communiquer avec elle quand cela s'appelle en nous-même, posons nous, et la connexion avec elle se fera, grâce à l'Amour qui nous lie Éternellement.

Ainsi, pour nous tous, tous ceux qui la porte dans leur cœur, il nous faut maintenant continuer la route vers laquelle il y aura toujours la présence en pensée et en mémoire pour ainsi avancer vers le haut.

Nous nous devons de grandir ainsi maintenant, nous allons instaurer des nouveaux schémas à mettre en place pour une vie non pas nouvelle mais différente.

Toi son enfant, lors des repères que tu as pu recevoir par ta « Maman », tu trouveras en ton être la direction à prendre en réponse à tes besoins de façon à les appliquer comme tu les ressens et en phase avec toi-même.

De plus, il est primordial de poursuivre une vie en pensant à se ressourcer en instaurant des moments

pour toi ou être auprès de ceux qui nous apportent une élévation d'ondes positives, cela t'aidera et t'apportera une bienveillance envers toi-même.

Il est certain que ta douce « Maman », celle que tu portes au plus profond de ton cœur laisse ses traces indélébiles de tout ce qu'elle aura fait pour toi, pour ton papa et tous ceux qu'elle a côtoyés. En cela, tu as plusieurs rôles à porter : être pour elle toujours dans la joie, l'amour et vivre ainsi sans retenue puisque tu sais que son souhait serait de te voir avancer en cet état d'être.

De plus, la présence de ton papa te permet aussi de poursuivre à ses côtés cet élan d'amour qui est et sera toujours présent pour toi son enfant. Le rôle que tu as c'est aussi celui de l'accompagner et le soutenir dans la positivité, même si cela peut-être compliqué pour lui, cela est primordial afin d'assurer un équilibre et un bien-être du mieux possible pour la continuité de son chemin de vie.

C'est avec beaucoup d'émotions et une réalité sur le parcours d'une vie auprès de son enfant et des siens, que nous pouvons garder en nous tout ce que nous avons pu vivre tout au long de notre vie en la présence de notre mère, sœur ou amie.
Chaque « Maman », chaque épouse, chaque sœur ou amie est unique. C'est pourquoi tous les moments et souvenirs de l'instant présent ou passé sont et resteront toujours gravés en mémoire pour chacun.

- 9 -

Avancer autrement

> *L'amour de ma « maman » est ancré en moi Éternellement, je poursuis ma vie qui prend un reflet différent de ce que je pouvais vivre avant.*

Aujourd'hui, entouré de diverses personnes ainsi que de la famille nous sommes toujours reliés en cette femme, cette douce « Maman » qui continue de nous diffuser son Parfum de l'Amour Éternel à chaque instant.

Notre vie doit se remplir maintenant par de nouvelles images qui appartiennent au présent.

Nous devons poursuivre notre train de vie avec un quotidien où de nouvelles habitudes s'instaurent au gré du temps qui passe.

Il est certain que rien ne remplace la présence d'une mère, d'une sœur ou d'une amie mais il nous faut poursuivre avec dignité notre chemin même avec cette douleur que nous pouvons ressentir au tréfonds de notre être...Il est important pour chaque personne vivant un tel chamboulement de ne pas mettre sa vie vers un déclin de malaise constant.

La vie doit être vécue avec ce que l'on nous y met sur notre parcours, ce n'est pas un choix ceci est une réalité que tout individu est amené à vivre au court de sa vie.

Nous ne pouvons changer les choses mais nous pouvons apporter de la *joie,* de *l'amour* autour de nous et pour nous-même. Une réussite qui en notre cœur connaît sa raison d'être, celle d'avancer comme une « maman » souhaiterait nous voir : heureux et heureuse.

De plus, avancer autrement représente aussi un cheminement personnel dans un rythme propre à chacun.

Ainsi chaque personne trouvera en elle ses ressources intérieures pour continuer sa vie certes différente mais toujours avec la présence en pensées et ce grâce à l'amour que nous portons pour cette femme, cette mère ou amie.

Il est vrai que le temps passe, pas eu le temps de le voir arriver mais le temps nous montre bien l'importance de ce qu'il représente dans une vie entière auprès de nos êtres qui nous sont chers.

Confession personnelle

« Moi ton enfant,

J'apprends à ressentir aujourd'hui, ton amour autrement.

En toi « Maman », ta trame lumineuse,

Office de ta présence divine doit d'être reçue comme un diamant à choyer par la pensée et l'amour intérieur qui se diffuse vibratoirement en moi ».

Je t'aime

LA DOUCEUR DES MOTS

Dans cette chambre

Dans cette chambre, il y a les odeurs imprégnées par ta présence,
Dans cette chambre, il y a le souvenir de tes pas sous les nôtres,
Dans cette chambre il y a les bibelots rappelant les souvenirs du temps passé,
Dans cette chambre nous y étions tous réunis,
Par Amour de chacun de tes présents,

Les souvenirs rejaillissant de plein fouet en nos cœurs,
Les souvenirs des linges portant toujours ta douceur,
Les souvenirs de toi Maman, sont et seront toujours conjugués au présent.

Dans ton regard

Dans ton regard verdoyant tout se lisait, tout se connectait,
Dans ton regard verdoyant, on se parlait,
Sans mot, sans mouvement, l'Amour se diffusait,
En ce chant silencieux, le temps s'arrêtait.

Dans ton regard verdoyant, qui se rappelle à notre mémoire,
Apprenons à avancer avec de l'espoir,
Maintenant seul, devant notre propre miroir,
Trouvons le chemin dans ce monde où tout n'est
qu' illusoire.

Au travers les pensées et les souvenirs,
Le silence se fait toujours ressentir,
L'absence ne peut que nous envahir,
Mais ton sourire dans nos cœurs, nous aide à tout adoucir.

Toi joli papillon

Toi joli papillon, qui jaillit de nulle part,
Aux ailes si légères et fragiles,
Tu sais égayer nos pensées lors de ton arrivée,
Pour rappeler cette liberté,
Qui est celle de voler.

Toi joli papillon, où l'horizon te porte,
Tu es comme un messager ,
Au détour d'un songe,
Tu viens et tu sais où te poser,
Tout est beauté, amour et pureté,

Toi joli papillon, lors de ce moment de contemplation,
Déploie tes ailes pour reprendre cette liberté,
Comme une âme libre et connectée,
Par amour tu es ce messager,
De la paix et de la sérénité.

REMERCIEMENTS

C'est avec beaucoup d'émotions que je remercie Ingrid Tallon. qui a accordé son temps, son attention et son investissement personnel à la relecture de mon ouvrage.

Une observation et une analyse extérieure, qui m'ont beaucoup apporté grâce à ses conseils qui furent une aide complémentaire et essentielle pour la finalisation manuscrite de cet ouvrage.

À propos de l'auteur

Noémie Pezin, est née en 1980, de son nom de jeune fille LEFEVRE, elle est native d'une petite commune de l'Oise, Le Mesnil - sur - Bulles, en pleine transformation intérieure elle accède à une réelle modification de conscience. Ainsi, sa vision de la vie se métamorphose au fil du temps. L'auteure travaille auprès d'enfants en situation de handicap, cette prise de conscience l'aide dans ce domaine. Ainsi, elle conçoit d'une manière différente d'orienter et d'adapter son travail vers une direction axée par ses ressentis intérieurs.

Son intérêt pour l'écriture fut toujours présent en elle. Une passion qui lui permet aujourd'hui d'offrir un accès vers le développement de Soi et du Bien-être au travers ses deux ouvrages « RESSENTIR ET ENTENDRE – La voix qui nous guide ... » et « TRANSFORMER VOTRE VIE – Le bonheur vous va si bien .. ».

De plus elle vous livre avec beaucoup de pudeur et d'amour un voyage sur le parcours que mène la maman, une femme tout au long de sa vie au cœur de ce livre : « LE PARFUM DE L'AMOUR ÉTERNEL – Maman ».

Un recueil qui lui aussi apporte une introspection sur le Soi et sur le parcours que toute personne peut-être amené à vivre au cours de sa vie auprès de sa mère mais aussi auprès d'une épouse, d'une sœur ou amie.

Ainsi, un thème orienté et ciblé en l'honneur et l'hommage de la femme.

SOMMAIRE

DEUXIÈME PARTIE
LA DOUCEUR DES MOTS

◆◆◆

Crédits photographique : Noémie Pezin